小状元益智游戏丛书

600个脑筋急转弯

张祥斌◎主 编

吉林出版集团
Jilin Publishing Group
吉林科学技术出版社
JiLin Science&Technology Publishing House

前言

“脑筋急转弯”作为现代生活中不可缺少的头脑体操训练，无论是成人还是儿童的生活中都是不可缺少的一部分。它是儿童开发大脑潜能的好帮手，不但可以培养孩子的幽默感，还可以增强思维训练，激活脑细胞；也可以作为成年人午后的休闲谈资，让思维变得更加活跃，是社交娱乐的调味剂。

本书根据儿童的理解能力和接受能力编写，较多地考虑到现代儿童的阅读特点，篇幅不长但有寓意。全书题量充足，问题新颖独特，同时配以生动活泼的彩绘图画，内容贴近生活，诙谐风趣，悬念迭出，便于家长引导孩子阅读。

相信本书会成为孩子们亲切的朋友和玩伴。玩转大脑，快快让思维活跃起来吧！

《小状元益智游戏丛书》全套5本，包括《1200条成语接龙游戏》、《100个趣味翻绳游戏》、《600个哈佛益智思维游戏》、《600道精选数独游戏》和《600个脑筋急转弯》，是一套儿童不可多得的开发思维、提升智力的最佳系列丛书。

编者

目录

第一章　认知思维

001

在没有钟的山村，有一个人养了几只鸡，可是为什么一只也不报晓呢？

002

有人被关在密闭的房间里，只有一扇门，并且这扇门无法拉开，请问他该如何出来呢？

答案：001 他养的是一群母鸡。002 把门推开。

003

什么时候十加三会等于一？

Love You..

004

老王每天要刮五六十次脸，可脸上却仍有胡子。这是为什么呢？

Love You..

005

把杯子里面的东西都倒出来，杯中就没有任何东西了，对吗？

Love You..

答案：003 算时间的时候：十三点等于下午1点钟。004 老王是理发师，给别人刮脸。005 错，杯子中还有空气。

006

做什么事时只能用右眼看东西？

007

两条狗赛跑，甲狗跑得快，乙狗跑得慢，跑到终点时，哪只狗身上出汗多？

答案：006 闭上左眼时。007 狗不出汗。

008

阿呆从热气球上掉下来，却没有受伤，为什么？

009

什么东西平头脚尖，干活时还要被挨打？

答案：008 热气球还没起飞。009 钉子。

010 阿呆在考试时候全部答对，为什么却没得到满分？

011 小强在椅子上睡着了，醒了却不知道自己在哪儿，为什么？

012 右手永远抓不到什么？

013 十三个人玩捉迷藏的游戏，捉了10个还剩几个人？

014 在舞台下看大合唱，观众看不到谁的嘴？

015 什么声音响在你的身边，但你却听不见？

016 什么东西干净的时候黑，脏的时候白白的呢？

答案：010 因为考的是“判断对错题”。011 在车上睡过站了。012 右手。013 两个。014 指挥者的嘴。015 自己打呼噜的声音。016 黑板。

017

什么军最厉害？

018

什么人买到坏了的东西却不生气？

答案：017 冠军。018 废品收购者。

019

阿明被蚊子咬了一大一小的包，请问较大的包，是公蚊子咬的，还是母蚊子咬的？

Love You..

020

爱吃零食的小王体重最重时有50公斤，但最轻时只有三公斤，为什么？

Love You..

021

什么事情一定要用两只手才能做到？

Love You..

答案：019 公蚊是不咬人的。020 是他刚出生时候的体重。020 握手。

022

报纸上登的消息未必都是真的，但是什么消息绝对假不了？

023

别人说阿丹她的衣服上没衣扣，可她却不在意，为什么？

答案：022 日期。023 因为她的衣服有拉链，不用扣子。

024 长胡子的山羊是母羊还是公羊？

Love You..

025 蛋要怎么买，才不会买到里面可以孵出小鸡的蛋？

Love You..

答案：024 山羊无论公母都长胡子。025 买鸭蛋。

026

地上有三只小鸟，打死一只，还剩几只？

027

皮皮在幼儿园学英文才一个月，却能毫无困难地和外国人交谈，为什么？

答案：026 剩一只小鸟。027 外国人用汉语与他交谈。

028 喝牛奶时用哪只手搅拌会比较卫生？

029 喝什么东西可以让人变成鬼？

答案：028 用哪只手都不卫生，还是用勺子好。029 喝酒，可以让人变酒鬼。

030

开往宁波的轮船边上挂了一架软梯，梯顶离海面十五米，如果海水每小时上涨十五厘米，几小时后海水会淹没软梯？

031

汤姆说他能轻而易举地跨过一棵大树，那他是怎么跨过的呢？

答案：030 水涨船高软梯永远不会被淹没。031 一棵被伐倒的树。

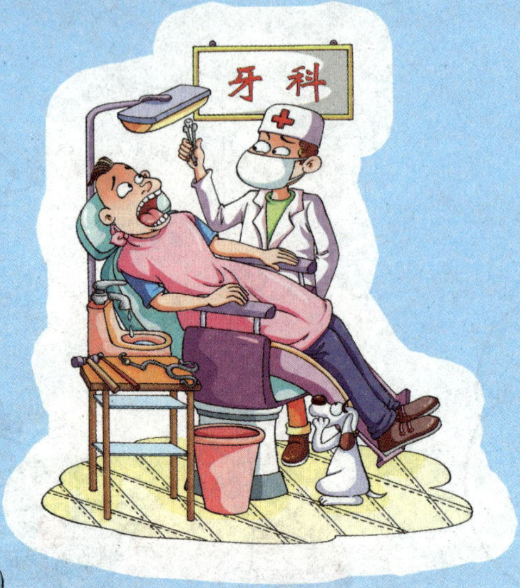

032 李叔叔有很严重的胃病，可他总往牙科医院跑，这是为什么？

Love You

033 两对父子去买帽子，为什么只买了三顶？

Love You

034 你在一年的时间里都不会说话，这段时间你在干什么？

Love You

答案：032 李叔叔是牙科医生。033 三代人。034 刚出生，在哭。

035

奶奶到一家三黄鸡店对老板说："我想买的东西不要肥，不要瘦，不要骨头，不要肉。"老板即刻心领神会。你知道是什么吗?

Love You..

- **036** 什么人有一只左手?
- **037** 地球上什么东西每天要走的距离最远?
- **038** 地震的时候什么地方最安全?
- **039** 房间里有十根点着的蜡烛，被风吹灭了九根，第二天还剩几根?
- **040** 飞得最高的动物是什么?
- **041** 盖楼要从第几层开始盖?
- **042** 小丽骑自行车，骑了十公里，但周围的景物始终没有变化。为什么?

答案：035 鸡血。036 人人都有一只左手。037 地球（自转一周）。038 飞机上。039 九根。040 人是高级动物，人类飞到过月球。041 是从地基开始的。042 因为他骑的健身车。

043

为什么你看不到房间里唯一的苹果？

044

哪项比赛是往后跑的？

答案：043 苹果放在你头上。044 拔河。

045

晴朗的天空，为什么没有太阳？

046

在沙漠中最常见的东西是什么？

答案：045 晚上当然没有太阳。046 沙子。

047

什么东西天上有，人间也有？

Love You..

048

什么东西见者有份？

Love You..

答案：047 太阳。048 阳光。

049

什么东西像大象一样但毫无重量？

050

什么东西在倒立之后会增加一半？

答案：049 大象的影子。050 数字6。

051 什么东西载着玻璃，爱把鼻子当马骑？

Love You..

052 什么飞机常常没有明确的目的地？

Love You..

053 什么时候1加5等于10？

Love You..

答案：051 眼镜。052 纸飞机。053 算盘运算。

054

什么样的汽车可以随便撞人？

055

为什么从十米高的地方不带任何安全装置跳下却很安全？

答案：054 玩具车。055 跳水运动员。

056

汤姆不会轻功，但一只脚踩在鸡蛋上，鸡蛋却不会破，这是为什么？

Love You..

057

小波比的一举一动都离不开绳子，为什么？

Love You..

答案：056 另外一只脚站在地上。057 小波比是个木偶。

058

小张明天考试，他已经把英语背得滚瓜烂熟，但是第二天考试还是不及格，为什么？

Love You..

059

小李说“我前面的人是小王”，小王说“我前面的人是小李”，这怎么回事？

Love You..

答案：058 第二天不考英语。059 他们面对面地站着。

060

小立在街上走，前面有个人掉了一块肉和一个里面有很多钱的钱包，小立为什么只捡肉却不捡钱包？

061

小刘在动物园看到一只大黑熊，他很调皮地打了它，但那只大黑熊一点也不生气。为什么？

答案：060 小立是条狗。061 那只大黑熊是个标本。

062

为何小花只用一只手就让正在行驶的车子停下来？

063

小秦买了一辆全新的跑车，却不能开上马路，这是为什么？

064

汤姆走路从来脚不沾地，这是为什么？

答案：062 她在打出租车。063 他买的是玩具跑车。064 因为穿着鞋子。

065 小张把一个鸡蛋扔到一米以外的地方去，鸡蛋却没有破，为什么？

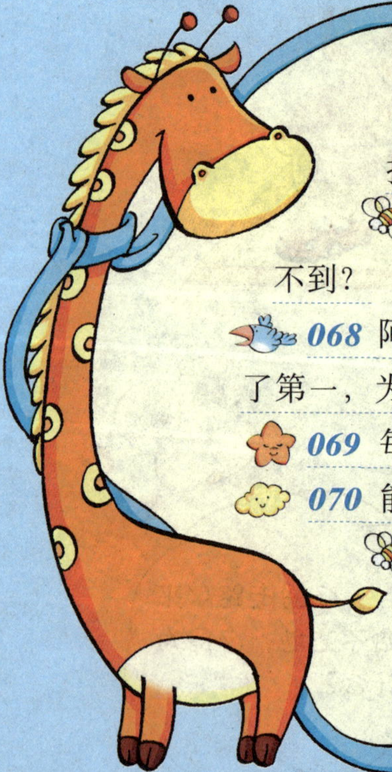

066 今天卖报的老吴卖了100份报纸，但只收入几毛钱，为什么？

067 你不是聋子，为什么我说话你听不到？

068 阿罗语文和数学共考了200分，结果小静得了第一，为什么？

069 每隔1分钟放1炮，10分钟共放多少炮？

070 能容纳所有景物的球是什么球？

071 老李站在马路上指手划脚，却不见警察来赶他，为什么？

答案：065 往上扔。066 他卖的是旧报纸。067 因为不在同一个地方。068 他们不在同一个班。069 11炮。070 眼球。071 老李是交通警察。

072

一堆西瓜，一半的一半比一半的一半的一半多一半，请问这堆西瓜有多少个？

Love You

073

一个警察有个弟弟，但弟弟却否认有个哥哥，为什么？

Love You

074 麦斯的姨妈有个姐姐，但麦斯不叫她姨妈，那么她是谁？

075 你知道世界上什么东西既不怕晒也不怕湿吗？

076 汽车在右转弯时，哪一条轮胎不转？

077 有人甘心情愿买假的东西，这东西是什么？

078 人能登上珠穆朗玛峰，但有一个地方却永远登不上去，那是什么地方？

答案：072 两个。073 因为那个警察是个女的。074 麦斯的妈妈。075 影子。076 备用胎。077 假发、假牙、假肢……078 自己的头顶。

079

一个人从飞机上掉下来，为什么没摔死呢？

080

一个人掉到河里，还挣扎了几下之后从河里爬上来，身体全湿了，但头发却没湿，这是为什么？

答案：079 飞机停在地上。080 因为他是光头。

081

一年里，有些月份比如一月份就有31天，也有些月份比如六月份就有30天，请问，有28天的是哪个月份呢？

Love You

082

有三个小朋友在猜拳，一个出剪刀，一个出石头，一个出布，请问三个人共有几根指头？

Love You

答案：081 12个月都有。082 30个。

083

有爷俩、娘俩和兄妹俩在一起，家里只有6个烧饼，但却每人分得了两个，为什么？

084

有一个屠夫带着一个小孩在街上遇见一位朋友。朋友问屠夫："这是你的儿子吗？"屠夫："是。"他又问小孩："这是你父亲吗？"小孩说："不是。"请问怎么回事？

答案：083 小孩和他的妈妈、他的舅舅。084 屠夫是女的。

085

有一种东西，上升的时候同时会下降，下降的同时会上升，这是什么？

Love You

086

幼儿园的老师拿出一包糖，准备分给小朋友们吃，如果每人分一块，最后会剩一块，如果每人分两块，又欠两块，究竟有几个小朋友？几块糖？

Love You

答案：跷跷板。086 3个小朋友4块糖。

087 在船上见得最多的是什么？

088 如果苹果没落在牛顿头顶上，会落到哪里？

089 上次汤姆过生日是七岁，下次他过生日是九岁，这是怎么回事？

090 上课的时候，同学们都坐着上课，但是卢森上每一节课都站着，为什么？

091 什么东西打碎后自然会恢复？

092 什么时候开口说话要付钱？

093 什么车可以不受交通规则限制横冲直撞？

答案：087 水。088 地上。089 今天他是过8岁生日。090 卢森是老师。091 水面。092 打电话。093 碰碰车。

094

早上，玲玲到刘大妈那儿买茶叶蛋，手上的钱正好能买两个，刘大妈却不把锅里的茶叶蛋卖给她，这是怎么回事？

Love You..

095

怎么称呼一只不会叫的狗？

Love You..

答案：094 茶叶蛋还没有煮好。095 狗。

096 中国人都会写哪种外国字?

Love You..

097 小玲家的猫为什么不生跳蚤?

Love You..

098 “先天”是指父母的遗传，那“后天”是什么?

Love You..

答案：096 阿拉伯数字。097 猫只会生小猫，不会生跳蚤。098 明天的明天。

099

东东养的鸽子在明明家下了一个蛋，请问这个蛋应属于谁的？

100

什么人比变形金刚更厉害？

答案：099 鸽子的。100 变形金刚的设计者。

101

彤彤与壮壮第一次见面，为什么彤彤就一口咬定壮壮是喝羊奶长大的？

102

小刚从5000米高的飞机上跳伞，过了两个小时才落到地面，为什么？

答案：101 壮壮是一只羊。102 挂在树上了。

103

小刚喝酒，撞伤了脸，回家怕太太知道会责备，去洗手间对着镜子贴上创可贴，可第二天还是被太太责备，为什么？

Love You..

104

小赵点了一份全熟的牛排，但是为什么一切下去居然流出血来？

Love You..

答案：103 创可贴贴在镜子上了。104 因为不小心切到手了。

105

吉米上班时间吃红豆汤圆，经理看见后生气地说："太闲了，是不是？"小赵回答了一句什么话把经理气的差点晕倒？

Love You

106

小胖生病了，天天要打针。这个孩子怕痛，每次打针，都说屁股好痛好痛。这一天，爸爸陪他去打针，这次他却说，屁股一点儿也不痛。这是为什么呢？

Love You

答案：105 不，是甜的。106 这次没有把针打在屁股上。

107 有一天晚上，某人在路过一条小巷，突然从一幢楼的转角处窜出了一个持枪的强盗。强盗走到他的面前，让他把钱全交出来，此人却高兴起来。这是为什么？

Love You

108 什么东西越擦越小？

109 什么东西能够将一间屋子装满，人又能活动自如？

110 什么东西分明是你的，别人却用的比你次数多？

111 什么东西你有，别人也有，虽然是身外之物，却不能交换？

112 什么东西能够逛遍世界？

113 什么东西晚上才会长出尾巴呢？

114 什么东西放在火中不会燃，放在水中不会沉？

115

李四送了一份礼物给张三，为什么张三会把它故意弄坏掉？

Love You…

116

小明的肚子分明已经胀得受不了了，为什么他还要不停地喝水？

Love You…

117

研研十四岁生日的晚上，庆祝宴上点了十五支蜡烛。那是为什么？

Love You…

答案：115 因为礼物是鞭炮，一放就坏了。116 他掉到河里。117 那晚停电，有一只是照明蜡烛。

118

一场大雨，忙着栽种的农民纷纷躲避起来，却仍有一人不走，为什么？

119

一个并非神枪手的人手持猎枪，另一个人将一顶帽子挂起来，然后将持枪人的眼睛蒙上，让他向后走十步，再向左转走十步，最后让他转身对帽子射击，结果他一枪打中了帽子，这是怎么回事？

答案：118 那个人是稻草人。119 另一个人把帽子挂在他的枪口上。

第二章 应变思维

120

一个袋子里装着豆子，有黄豆和绿豆。一个人把豆子倒在地上，很快他就把黄豆和绿豆分开了，请问他是怎么分的？

121

一个人在太阳下走路却看不见自己的影子，为什么？

答案：120 袋子里就两颗豆。121 因为她撑了一把伞。

122

一个人左右手各拿着一个碗，同时摔下去，其中一个摔破了，而另一个没摔破，为什么？

123

一个四脚朝天，一个四脚朝地，一个很痛苦，一个很高兴，这是在干什么？

124

一辆车子飞速前进，可这辆车的轮子却一点都没有动，怎么回事？

答案：122 因为一个是铁的，一个是瓷的。123 比如猫捉老鼠。124 这辆车是在开动的车上。

125

一辆出租车在公路上正常行驶，并且没有违反任何交通规则，但是却被一个交通警察拦住了，请问为什么？

126 什么东西越洗越脏？

127 什么东西只能加，不能减？

128 什么东西制造期和有效日期是同一天的？

129 什么动物坐也是坐，站也是坐，走也是坐？

130 什么门永远关不上？

131 什么情况下人会有四只眼睛？

132 什么人可以饭来张口，衣来伸手？

答案：125 警察想坐出租车。126 水。127 年龄。128 日报。129 青蛙。130 球门。131 两个人的时候。132 婴儿。

133

一位服装模特儿，即使在平日也穿着未经发表的新款服饰，但她常常看到穿着同款服饰的人。这是为什么？

134

一只母羊带着一只小羊正在吃草，来了一只老狼把母羊给叼走了，小羊也乖乖地跟走了，请问怎么回事？

答案：133 因为她看到镜子中的自己。134 母羊肚子里怀了一只小羊。

135

一幢大楼失火，很多人围观，却无人报警，为什么？

136

有架飞机在飞行中失事，现场支离破碎，令人惊讶的是找不到任何死伤者，为什么？

答案：135 失火的正是警察局大楼。136 那是一架遥控飞机。

137

有两个人，一个面朝南，一个面朝北的站立着，不准回头，不准走动，不准照镜子，问他们能否看到对方的脸？

138

有一个婴儿喝了牛奶之后，一星期重了十公斤，为什么？

答案：137 面对面站着。138 那是一头小牛。

139

有一名囚犯，被抓到警察局，并被单独关到了一间密封非常好的小囚室里，在没有可能外人进入的情况下，第二天早晨，囚室里居然多出了一名男士，这是为什么？

140

远在外地工作的浪人往家寄了一封信，里面还夹了一张怕折的照片，但是为什么他的家人收到信后却迟迟不肯打开看呢？

答案：139 她是名怀孕的女囚犯，第二天生了一个小男孩。140 粗心的浪人把“勿折”写成了“勿拆”。

141

张丽参加百人呼啦圈赛，一直坚持到了最后一刻呼啦圈都没掉，但她却被取消了冠军资格。为什么？

142

拿着鸡蛋扔石头，为什么鸡蛋没破？

143

你用左手写字，还是用右手写字？

答案：141 太胖了，卡在腰上了。142 一手拿着鸡蛋，另一只手扔石头，鸡蛋当然不会破。143 都不用，我用笔。

144

什么问题是人人知道而答“不知道”的？

145

一个男人加一个女人会成了什么？

答案：145 “不知道”这三个字读什么？146 两个人。

146

“水蛇”、“蟒蛇”、“青竹蛇”中哪一个比较长？

147

房间里有三个人，后来全部走了，可是房间里还有两个人，怎么回事？

答案：146 “青竹蛇”最长，有三个字。147 走的人名字叫全部。

148

后脑勺受伤的人怎样睡觉？

149

某人乘飞机从广州去哈尔滨。飞机飞了两个小时的时候在哪里？

答案：148 闭着眼睛睡觉。149 在空中。

150 什么东西可以给你用来等待明天用？

151 什么时候四减三会等于五？

152 什么事情只能用一只手去做？

153 世界上的人身体哪一部分的颜色完全相同？

154 树上有100只鸟，用什么方法才能一下子就把它们全部抓住？

155 谁的脚常年走路不穿鞋？

156 谁经常买鞋自己不穿却给别人穿？

157 谁总是脱掉干衣换上湿衣？

答案：150 枕头和床。151 四个角的东西切去一个角。152 剪自己的手指甲。153 血液。
154 用照相机。155 动物的脚。156 卖鞋的人。157 晾衣架。

第三章 想象思维

158

什么人的手上有六个指？

159

爸爸让小明背论语，他一分钟就背出来了，难道小明是天才吗？

答案：158 戴了一个戒指的人。159 不，因为他只背了"论语"两个字。

160

从前，遍地是金的山是什么山？

161

当今社会，个体户大都靠什么吃饭？

答案：160 旧金山。161 嘴。

162

当你向别人夸耀你的长处的同时，别人还会知道你的什么情况？

163

读完北京大学最快要多长时间？

答案：162 不是哑巴。163 念"北京大学"四个字的时间。

164

放大镜不能放大的东西是什么？

165

刚上幼儿园第一天的杰克，从来没学过数学，但老师却称她的数学程度是数一数二的，为什么？

答案：164 不能放大任何东西，只是看起来大。165 因为他只会数一数二。

166

狗的儿子跟龙的儿子，有几点差异?

167

姑妈送给小花一只小猫，这只小猫没有死掉，也没有跑掉，小花也没有把它送人，为什么三个月后姑妈来小花家再没有看见小猫?

168

好与坏的中间是什么?

答案：166 一点（犬子，太子）。167 它已长成大猫了。168 与。

169

既认识自然又能随便改造自然的人是谁？

170

姜家有三个女儿，大女儿、二女儿、三女儿。谁的身材最辣？

答案：169 画家。170 大女儿，因为姜还是老的辣。

171
将要来却永远来不了的是什么？

172
蓝色的笔能写出红字吗？

答案：171 明天。172 写个红字当然可以。

173 老王很有钱，可别人说他是个奴隶，为什么？

174 明明是个“错”字，为什么小华却偏偏说要“对”？

答案：173 老王是个守财奴。174 的确是个“错”字呀。

175 拿破仑指挥作战时，高喊："冲啊！"为何所有士兵却是动也不动？

176 哪个连的人最多？

答案：175 拿破仑说的是中文，士兵听不懂。176 大连。

177

哪一个字永远写不好？

178

男生和女生有什么共同点？

答案：177 "坏"字。178 都是人。

179 你知道一个人的小腿应该有多长？

180 王小明要跳水了，可是为什么围观的群众愈来愈多，却没有人想救他？

181 为什么阿福总要等老师动手才会去听老师的话？

182 为什么老刘总喜欢旧东西？

183 为什么老王家的马能吃掉老张家的象？

184 为什么迈克每天上班都要坐飞机？

185 阿花在洗衣服，但洗了半天，她的衣服还是脏的，为什么？

186 下雪天，阿文开了暖气，关上门窗，为什么还感到很冷？

答案：179 应该长到碰着地面。180 该地正在举行跳水比赛，他是参赛选手之一。181 阿福是聋子。182 因为他是一个古董收藏家。183 因为他们正在下象棋。184 因为他是飞行员。185 她在洗别人的衣服。186 他在屋外。

187

苹果公司的员工们总是看见总经理对女秘书说话时低下了高傲的头，为什么？

188

茄子的另外一个名字叫什么？

189 小宝在外面吃饭为什么不用付钱或刷卡？

190 小方读了十六年书，为什么还在一年级班上？

191 小杰在教室外捡到一只皮夹，为什么不交到老师那里？

192 小刘是个技术很好的电工师傅，可他今天修好的灯却不亮，为什么？

193 小文看书的时候，为什么不能把书签放在175页和176页之间？

194 小明知道试卷的答案，为什么还频频看同学的卷子？

答案：187 因为总经理太高而女秘书又太矮。188 落苏。189 别人请客。190大学一年级。191 是自己的。192 今天停电。193 因为这两页是印刷在一张纸正反面上。194.小明是老师。

195 请问英语有多少个字母？

196 日月潭的中间是什么？

答案：195 "英语"中没有字母，是中文。196 是月字。

197

如何最快地将不可能的事变成可能的事？

198

什么东西没有价值但大家又很喜欢？

答案：197 将“不”字去掉。198 无价之宝。

199
什么东西咬牙切齿？

200
什么东西最容易满足？

答案：199 拉链。200 袜子。

201

什么动物你打死了它，却流了你的血？

202

什么票最危险？

答案：201 蚊子。202 绑票。

203

什么时候我们会心甘情愿地熄灭自己的生命之火？

204

什么食品东、南、西、北都出产？

答案：203 切生日蛋糕之时。204 瓜。

205

什么书不能看？

206

什么书中毛病最多？

答案：205 秘书。206 医学书。

207 什么水要按计划发放？

208 小平平时很爱说话，为什么现在一声不吭？

209 小李跑步为什么总是保持一个姿势不变？

210 小张住的是楼房，为什么每次出门还要上楼？

211 小刘住在12层楼里，为什么他每天不坐电梯？

212 小刘一百公尺跑十秒，小李跑十一秒，为什么赛跑竞赛最后得到金牌的是小李？

213 新版的纸币，竟然印得不一样，为什么？

214 一对健康夫妇，为什么生出只有一只右眼的婴儿？

答案：207 薪水。208 小平睡着了。209 因为那是他跑步的照片。210 他住地下室。211 他住一楼。212 小刘没比赛。213 号码不一样。214 每个人都只有一只右眼。

215

什么字大家看了都说没用？

216

谁的脑子记住的东西最多？

答案：215 “没用”两个字。216 电脑。

217
谁最喜欢添油加醋？

218
停电的时候，我们点着蜡烛为什么能看电视？

219
为什么警察要系白皮带？

答案：217 厨师。218 看不了电视节目，但可以看着电视机。219 不系皮带裤子会掉下来。

220

为什么小博写了一个字，人人都说他写了错字？

221

瞎子为何走夜路时要点着灯？

答案：220 因为他本身就写了个"错"字。221 为了使别人不撞到自己。

222

小强不小心打破了妈妈最喜欢的花瓶，他该怎么办？

223

儿子很有音乐天赋，父亲买了一把吉他送给他。儿子天天抱着吉他边弹边唱，可是父亲却很不高兴，不久便把吉他收回来，另外送给儿子一个口琴。这是什么原因？

答案：222 赶快假装昏倒。223 儿子虽然有音乐天分，但唱歌的声音太难听了。

224 妈妈最讨厌哪种鸭蛋？

225 青春痘长在哪里，你比较不担心？

答案：224 考卷上的。225 别人脸上。

226
人行走的时候，左右脚有什么不同？

227
什么地方有时候有水，有时候没水？

答案：226 一前一后。227 水龙头里。

228 什么老鼠跑得最快？

229 一个口齿伶俐的人，为什么只看着你微笑却讲不出话来？

230 一个盛满咖啡的杯子，里面放一枚硬币却没有湿，为什么？

231 一个手无寸铁的人钻进了狮子笼里，为什么太平无事？

232 一个西瓜4刀切成9块，怎样切法？

233 一间屋子里到处都在漏雨，可是谁也没被淋湿，为什么？

234 一张桌子有四个角，砍去一个角，还剩几个角？

235 一个偷车贼，某天四下无人时，看到一辆名车，他却不偷，为什么？

答案：228 看见猫的老鼠。229 他在照片上。230 咖啡豆。231 狮子笼是空的。232 "井"字切法。233 空房子。234 5。235 车是他的。

236

世界上哪儿的大象最小？

237

为什么白鹭总是缩着一只脚睡觉？

答案：236 书上的。237 缩两只脚就会摔倒的。

238 为什么拿破仑的字典里没有一个“难”字？

239 小力说他能在1秒钟之内把房间和房间里的玩具都变没了，这可能吗？

答案：238 他的字典是法文。239 把眼睛闭上。

第四章 逻辑思维

小明的母亲有三个儿子，大儿子叫大毛，二儿子叫二毛，三儿子叫什么？

240

有一个人想要过河但水很急，这里有一把梯子和木头，但梯子还差十公尺，木头只有五公尺，请问他要怎样才能过河？

241

答案：240 小明。241 走桥。

在不能用手的情况下，怎样才能把桌上的一碗面吃完？

242

小志把桶里的豆分成两份，分了之后却见不到一粒豆，这是怎么回事？

243

一个人想在一夜里变成百万富翁，他该怎么办？

244

答案：242 用筷子。243 因为桶里只有一粒豆，分成一半后自然见不到一整粒的豆了。244 做梦吧！

上课偷看“脑筋急转弯”，如果被没收了，谁最高兴？

245

246 有十支蜡烛，你吹灭了三支，还有几支？

247 有一个人，他是你父母生的，但他却不是你的兄弟姐妹，他是谁？

248 有一位老太太上了公车，为什么没人让座？

249 有只小松鼠朝西跑，又向右转了90度接着往前跑。请问这只小松鼠的尾巴朝哪里？

250 在罗马数字中，零该怎么写？

251 在什么样的情况之下，手推车前有人推，后有人拉，但还是会向前进？

252 张先生拿着针到处刺人，为什么没有人责怪他？

答案：245 老师的孩子。246 十支。247 你自己。248 车上有空位。249 朝天。250 罗马数字没有零。251 下坡的时候。252 他是针灸师。

张三在地上画了一条线，为什么李四却跨不过去？

253

你能用六枚硬币摆出一个长方形吗？

254

答案：253 因为那条线画在墙边。254 把六枚硬币整齐地放在一起，再从侧面看就是一个长方形。

陈先生走在路上，眼前有一张百元大钞，他明明看见了，为什么不去捡？

255

大熊猫一生中的最大遗憾是什么？

256

答案：255 那张百元大钞拿在别人手里。256 没有彩色照片。

歹徒抢劫MTV店，朝店主开了一枪，店主情急之下抽出一张光碟来挡，居然平安无事，为什么？

257

今天我吃了：3只猪；3只牛；5只羊；7条大鱼，可不一会儿肚子又饿了。问：这可不可能呢？

258

答案：257 歹徒拿得是水枪。258 因为吃的是动物饼干。

老师说蚯蚓切成两段仍能再生，小东照老师话去做，蚯蚓却死了，为什么？

259

三个人一起下田，但其中一个人却老站在那里不动手，为什么？

260

身高168公分的小华，有一天去看棒球赛回来却变成170公分，为什么？

261

答案：259 小东是竖着将蚯蚓切开的。260 那是个稻草人。261 因为他被击中长出了一个两厘米的包。

262

什么虎会吓人但并不会吃人？

263

什么书必须买两本？

答案：262 壁虎。263 结婚证。

饲养员将一串香蕉挂在竹竿上，要求大猩猩不用凳子，不砍断竹枝也能拿下香蕉。聪明的大猩猩想了想很快取到了香蕉。它是怎样拿到的？

264

大勇向小伙伴们吹嘘说：“今天上课的时候，老师提了一个问题，全班除了我，没有一个答对，你们猜老师问的是什么问题？”

265

答案：264 把竹竿放倒。265 老师问：“大勇你为什么又迟到了？”

266

小陈星期日早上赶到西郊去看早场电影，到了西郊，却看不到半个人，为什么？

267

小苏家很富裕，可他想买玩具时却从不向母亲要一分钱，为什么？

答案：266 有好多人，就是没有半个人。267 他向他爸爸要钱，况且一分钱也买不到任何玩具。

268

小偷最怕碰到是哪个机关？

269

肖明一向心直口快，什么事竟然会让他突然变得吞吞吐吐起来？

答案：268 公安机关。269 他在吃甘蔗（或抽烟）。

270

一个人被老虎穷追不舍，突然前面有一条大河，他不会游泳，但他却过去了，为什么？

271 早上八点整，北上、南下两列火车都准时通过同一条单线铁轨，为什么没有相撞呢？

272 小静整天说个不停，可有一个月她说话最少，那是哪个月？

273 一头被10公尺绳子拴住的老虎，要如何吃到20公尺外的草？

274 一个盒子最少有几个边？

275 什么铃敲起来最难？

276 把冰变成水最快的方法是什么？

277 病患在什么地方最没痛苦？

答案：270 他是昏过去了。271 因为日期不一样。272 二月份。273 老虎不吃草。274 两个边，里边和外边。275 哑铃。276 去掉两点。277 别人身上。

一个圆有几个面？

278

用哪三个字可以回答一切疑问题？

279

答案：278 两个面，一个外面，一个里面。279 不知道。

280

有一个瞎子快走到悬崖边时，突然转头往回走，为什么？

281

有一个字，我们从小到大都念错，那是什么字？

答案：280 因为他只瞎了一只眼。281 错。

小伟说杰米写的诗是从书上偷来的，可杰米不承认，他的理由是什么？

282

玉皇大帝是男人还是女人？

283

答案：282 诗还在书上。283 都不是，他是神。

284

有一种用剪刀剪不断的布，是哪种布？

285

什么东西破裂之后，即使最精密的仪器也找不到裂纹？

答案：284 瀑布。285 感情。

什么书买不到?

286

什么“鼠”最爱干净?

287

什么人最不记仇?

288

答案：286 遗书。287 环保署（鼠）。288 患有严重健忘症的人。

289

把什么打破了不会受到处分，反而会得到奖励？

290

什么花没有根却可以在夜空中开放得绚烂夺目？

答案：289 纪录。290 烟花。

爸爸什么时候像个孩子？

291

谁无私哺育了许多人？

292

答案：291 在爷爷面前。292 母牛。

293

做什么事要无中生有?

294

打什么东西既不花力气又舒服?

答案：293 搞发明。294 打瞌睡。

电话声响，却不见小华和哥哥去接电话，这是怎么回事？

295

飞行员不喜欢哪一种食物？

296

答案：295 因为那是电视广告。296 醉鸡（坠机）。

297

神话中的狐狸精专门迷惑人们，那么现实生活中的什么精也可以迷惑人？

298

甲偷用了乙的牙刷，乙有B型肝炎，为什么甲却没有被传染？

答案：297 酒精。298 他拿去刷皮鞋了。

第五章 发散思维

有一只熊走过来。（猜一成语）

299

300 猜猜看：今年圣诞夜，圣诞老人第一件放进袜子里的是什么东西？

301 菜单里为啥没有肉？

302 聪明人比一般人多了个什么？

303 大多数人是用左手端碗，右手吃饭，是吗？

304 电和闪电最大的区别是什么？

305 小刚拿着块石头向玻璃砸去，玻璃却没碎。为什么？

306 动物园里，小明紧挨着老虎合影留念，老虎却没有咬他，为什么？

答案：299 有备而来（有BEAR来）。300 他自己的脚。301 那可太脏了。302 心眼。303 那要嘴巴干什么。304 一个收费，一个不收费。305 没砸到。306 那是只假老虎。

307

浪费掉人的一生的三分之一时间的会是什么东西？

308

妈妈叫小民去拿碟来装菜，小民拿来了，却被埋怨了一顿，请问为什么？

309 猴子每分钟能掰一个玉米，在果园里，一只猴子 5 分钟能掰几个玉米？

310 蝌蚪没有尾巴，成了青蛙。如果猴子没有尾巴，是什么？

311 哪一件衣服最耐穿？

312 你知道现代的科学家一般都出生在哪吗？

313 如果动物园失火了，最先逃出来的哪一种动物？

314 什么蛋中看不中吃？

答案：307 床。308 他拿的是光碟。309 果园里不产玉米。310 仍是猴子。311 最不喜欢的那件。312 医院里。313 人。314 脸蛋。

美丽的公主结婚以后就不挂蚊帐了，这是为什么？

315

哪种比赛，赢的人却得不到奖品，输的却有奖品？

316

答案：315 她嫁给了青蛙王子。316 划拳喝酒。

317

平平把鱼放在鱼缸里，不到十分钟鱼都死了，为什么？

318

小文声称自己是辨别母鸡年龄的专家，其绝招是用牙齿，为什么？

答案：317 鱼缸内没有水。318 把鸡亲口吃了来辨别母鸡肉的老嫩。

什么“光”会给人类带来痛苦？

319

什么“贼”不偷东西，专门卖东西？

320

答案：319 耳光。320 卖国贼。

321

什么地方物品售价愈高，客人愈高兴？

322

什么东西薄薄一片，只有0.2公分，但是它可以装进你想要放的东西？

答案：321 当铺。322 照片。

什么东西说“父亲”时不会相碰，叫“爸爸”时却会碰到两次？

323

什么东西愈生气，它便变得愈大？

324

答案：323 上嘴唇和下嘴唇。324 脾气。

325

什么东西越吃越感到饿?

326

什么人靠别人的脑袋生活?

答案：325 消化药。326 理发师。

森林中有十只鸟，开枪打死一只，为什么其他九只不飞走？
327

328 什么东西在人用完了以后会很快回来？

329 什么老鼠用两只脚走路？

330 谁天天去看病？

331 铁放到外面要生锈，那金子呢？

332 网要在什么时候可以提起水来？

333 为什么两只老虎打架，非要拼个你死我活也绝不罢休？

334 为什么青蛙可以跳得比树还要高？

答案：327 鸵鸟。328 力气。329 米老鼠。330 医生。331 会被偷走。
332 当水变成冰时，用网就可以提起。333 没有人敢去劝架。334 树不会跳。

什么人站在刀尖上生活？

335

什么事你分明没有做，但却要受罚？

336

答案：335 滑冰的人。336 家庭作业。

什么样的角量不出度数？

337

什么样的强者千万别当？

338

什么英文字母最多人喜欢听呢？

339

答案：337 牛角、羊角、鹿角……338 强盗。339 CD。

340

什么掌不能拍？

341

什么纸买不起？

答案：340 仙人掌。341 圣旨（纸）。

世界上哪个地方下午比早上先到？

342

世界上哪一种鸭蛋不能吃，煮不熟，却打得破？

343

答案：342 在汉语字典里。343 比赛成绩的鸭蛋。

344

为什么大多数人都不喜欢过32岁的生日？

345

为什么老陈会说他少了女人一天也活不下去？

答案：344 没人喜欢插上“三长两短”的蜡烛。345 他是化妆品制造商。

346

为什么流氓坐车不用给钱?

347

为什么一个人一天吃9头牛?

答案：346 因为那是一辆警车。347 吃的是蜗牛。

348 小力从外面买了好多东西回来，为什么他一进社区办公室就把手中的一捆布往地上一扔？

349 蚊子咬在什么地方你不会觉得痒？

350 小红口袋里原有十个铜钱，但它们都丢了，请问小红口袋里还剩下什么？

351 一个即将被枪决的犯人，他的最大愿望是什么？

352 一个老鼠洞里有五只老鼠，猫进洞吃了一只老鼠，洞里还剩下几只老鼠？

353 一块黑石子与一块白石子同时放入水中，有什么变化？

354 一只已经饥饿已久的狼看见一只绵羊，狼却马上跑了，为什么？

355 医治晕车的最好办法是什么？

答案：348 拖布。349 别人身上。350 还剩下一个洞。351 穿上防弹衣。352 没有。353 变湿了。354 因为它跑去追羊。355 不坐车。

小琪从事美容工作已经很多年了，为什么连个眼影都画不好？

356

一个女子最讨厌抽烟的人，有一天，她去一个朋友家，参观新房后，连声说：“抽烟好、抽烟好！”请问这是为什么？

357

答案：356 他是给汽车美容。357 抽油烟机。

358

小孩子向父亲提出问题："一只也28公斤，两只也28公斤的是什么？"父亲百思不解。请问是什么？

359

一根绳子被一刀剪断了，但它仍是一根完整的绳子，为什么？

答案：358 体重。因为用一只脚站在体重计上或两只脚站在体重器上都是28公斤。359 因为绳子起初是结成圆形圈的。

第六章 创新思维

360

一位赛车手把他仅两岁的儿子也培养成了一名出色的赛车司机，他用的是什么方法？

361

一只鸡，一只鹅，放冰箱里，鸡冻死了，鹅却活着，为什么？

362

拥有很多牙齿，又能咬住人的头发的东西是什么？

答案：360 他儿子开的是玩具车。361 企鹅。362 发夹。

答案：363 把软木塞塞到瓶子里。364 想办法每天下一个蛋。

365 有海却没有一滴水。请问是什么海?

366 英国出生过大人物吗?

367 用椰子和西瓜打头，哪一个比较痛?

368 住在什么样的家里，足不出户就可以上班工作?

369 中国古人曾将蓝色外衣浸于黄河中，会产生何种现象?

370 最不听话的是谁?

371 最坚固的锁怕什么?

372 一只蚂蚁不小心从飞机上掉了下来死了，猜猜它是怎么死的。

答案：365 辞海。366 没有，全是婴儿。367 头比较痛。368 国家。369 衣服湿了。370 聋子。371 钥匙。372 飘得太久饿死的。

373

有一个奇怪的问题，不论问任何人，所得的答案一定是“没有”，这个问题是什么？

374

有一个人，一年才上一天班又不怕被解雇，他是谁？

答案：373 你睡着了吗？374 圣诞老人。

375

有一种车却没有一个轮子，这是什么车？

376

有一种活动能够准确无误地告诉你：美人不是天生长出来的，而是七嘴八舌说出来的，这是什么活动？

答案：375 是象棋中的车。376 选美。

377

雨天什么伞不能打？

378

在饭桌上，杰米和小云说着说着竟然动起拳头来了，可为什么围观的人不但不阻止，反而在旁边大喊加油？

答案：377 降落伞。378 他们在划拳。

379

志明说自己可以一面吹口哨，一面刷牙，你猜他是怎么做到的？

380

什么水能被刀砍断？

381

从一到九哪个数字最勤劳，哪个数字最懒惰？

答案：379 他戴的是假牙。380 结成冰的水。381 1懒惰，2勤劳。原因：一（1）不做二（2）不休。

382

IX——代表罗马数字9，如何加上一笔，使其变成偶数？

383

百货公司里，有个秃头的推销员，正在促销生发水，你知道他为什么自己不用生发水呢？

答案：382 前面加S，英文SIX是6的意思。383 他想让大家知道秃头多么难看。

384 包公的脸为什么是黑的？

385 什么时候先穿鞋再穿袜子？

答案：384 因为额头上有个月亮，月亮都是晚上出来。385 脚踩在钉子上，先穿过鞋再穿过袜子。

386

为什么蚕宝宝很会攒钱？

387

为什么老师从小就叮咛学生们要珍惜四支箭？

答案：386 因为蚕会结茧（节俭）。387 光阴似箭（四箭）。

388

吃饭的时候最扫兴的是什么？

389

从一写到一万，你会用多少时间？

答案：388 没做饭。389 最多5秒，10000。

391 什么有口没有牙，有脚不会爬?

392 除了火车以外，世界上什么车最长?

393 袋鼠与猴子比赛跳高。为什么还没开始跳，袋鼠就输了?

394 龟兔赛跑总是龟赢，兔子应该坚持比哪一项目，才能赢得了乌龟?

395 什么东西一百个男生无法同时举起，一个小孩却可单手举起?

396 鸡鹅赛跑，鸡比鹅跑得快，为什么鹅先到终点?

397 兰兰经过某市时，正巧那里发生了大地震，为什么兰兰却安然无恙呢?

答案：390 等于小白兔。原因：小白TWO。391 刚出生不久的婴儿。392 堵车。393 袋鼠双脚起跳犯规。394 比如一个鸡蛋，一百个男生无法同时举起。395 乌龟把终点设在了海里。396 鸡跑反了方向。397 他坐飞机路过。

答案：398 嫦娥。399 编剧。

400
顶地立天是什么意思？

401
二十世纪最出风头的超级巨星是哪一位？

答案：400 倒立。401 海尔波普彗星，千年才见一次。

402

羊打电话给老鹰，老鹰接起电话说"喂"。（猜一成语）

403

要使水成为冰，最快的做法是什么？

答案：402 阳奉阴违（羊PHONE鹰"喂"）。403 在"水"字的左边加两点成为"冰"。

404

教室中为什么要有讲台？

405

孔子和孟子的儿子有什么不同？

答案：404 提高老师的地位。405 孔子把子放在身边，而孟子把子放在头上！

406

老大和老小之间隔着三兄弟，虽是同年同月同日生，却一点也不相像。（猜一物）

407

什么东西有五个头，但人们不觉得它怪呢？

408

萝卜喝醉了，会变成什么样？

答案：406 他们是手指头。407 手和脚。408 红萝卜。

409

蚂蚁、蜜蜂和蜈蚣，哪种昆虫最不贪钱？

410

哞哞叫的牛一下水游泳后就不叫了。（猜一成语）

答案：409 蜈蚣，因为无功（蜈蚣）不受禄。410 有勇（游泳）无谋（哞）。

411

哪一种人占用地球表面积最小？

412

哪种人希望孩子越多越好？

答案：411 芭蕾舞演员。412 儿童用品制造商。

413
你每天做作业时先干什么?

414
为什么人们要到市场上去?

答案：413 打开本子。414 市场自己不能来。

415 人在什么时候最舍得出钱？

416 你怎么区分东南西北？

答案：415 在被打劫的时候。416 很简单，加顿号。

417 请将"5+5+5=550"加上一笔划，使得等式成立（不可以改成不等式）？

418 为什么说胆是人体最大的器官？（猜一成语）

答案：417 将其中一个加号加上一撇即可。（545+5=550） 418 胆。胆大包天。

419 人在什么时候记忆力最好？

420 牛的舌头和尾巴在什么时候遇在一起？

421 胖胖是个颇有名气的跳水运动员，可是有一天，他站在跳台上，却不敢往下跳。这是为什么？

422 什么花飘着开，什么花走着开，什么花空中开？

423 什么样的人见到阳光就会躲得无影无踪？

424 谁会连续摇头半个小时以上？

425 小花站起来同饭桌一样高，两年之后，反而在桌子下活动自如，为什么？

426 蝎子和螃蟹玩猜拳，为什么它们猜了两天，还是分不出胜负呢？

答案：419 当别人欠自己的钱的时候。420 在锅里。421 下面没有水。422 雪花、浪花、礼花。423 雪人。424 看球赛的。425 小花是一条狗。426 它们只会出剪子。

427 如果有机会让你移民，你一定不会去哪个国家？

428 施老师嗜书如命。一次，他问我：“怎样看书最快？”我一下子被问住了，你能回答出来吗？

429 一个人在沙滩上行走，回头为什么看不见自己的脚印？

430 在河岸这边有一只蚕，想到对岸没有桥，那么它如何过河？

431 阿忠在放哨时，明明看到敌人来了，为什么他却睁一只眼闭一只眼？

432 闭着眼睛也看得见的是什么？

433 不管长得多像的双胞胎，都会有人分得出来，这人是谁？

434 常把手伸向别人包里的人，为什么却不是小偷？

答案：427 天国。428 只看封面。429 倒着走。430 变成蛾后飞过去。431 他正在瞄准。432 梦。433 他们自己。434 海关检查员。

435
什么东西卖的价格越高越容易成交？

436
什么东西越大越没有用？

答案：435 废品。436 破洞。

437

什么叫含笑九泉？

438

什么东西越有越可怜？

答案：437 高兴死了。438 贫穷。

439 什么牛不能耕田？

440 什么人生病从来不看医生？

答案：439 蜗牛。440 瞎子看不见医生。

441

什么时候做的事别人绝对看不到?

442

什么数字减去一半等于零?

答案：441 梦里做事。442 8。

443 有个成语叫“书香门第”，你知道什么样的书最香吗？

444 什么最铁面无私？

答案：443 菜谱。444 秤。

445
世界上最舒服的地方在哪里？

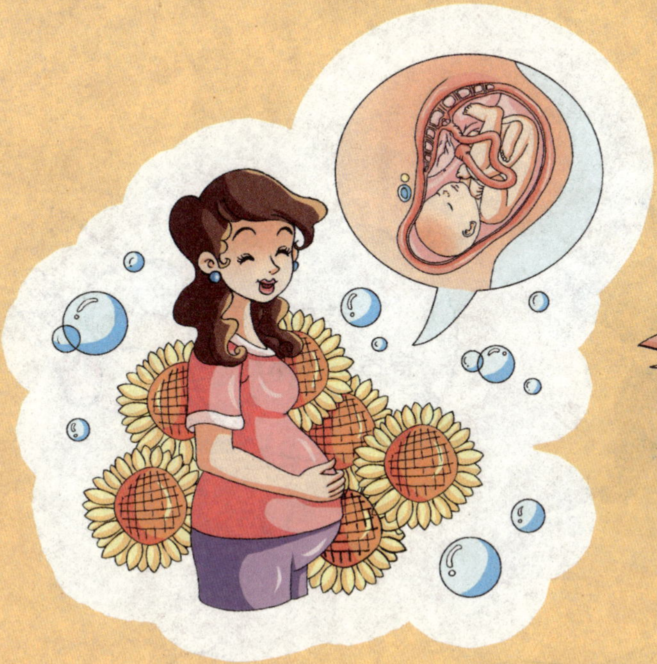

446
世界上什么没有标价？

答案：445 妈妈的肚子里。446 情意。

447 谁成天乐得合不拢嘴?

448 出去的时候光着身子，回到家才穿上衣服的是什么?

449 除了变色龙以外，什么动物最擅长伪装术?

450 除了大猩猩外，何种动物最接近人类?

451 楚楚的生日在三月三十日，请问是哪年的三月三十日?

452 从事什么职业的人容易在短时间反复改变主意?

453 越小越高的东西是什么?

454 当你捏住你的鼻子时，你会看不到什么呢?

答案：447 弥勒佛。448 衣架。449 人。450 寄生在人身体上的寄生虫。451 每年的三月三十日。452 列队的教官。453 飞机。飞机飞越高看上去越小。454 当然是你自己的鼻子。

455

塑料袋里有六个橘子，如何均分给三个小孩，而塑料袋里仍有两个橘子？（不可以掰开橘子）

456

汤姆因为把墨水泼在地毯上而挨了骂，可他觉得委屈，为什么？

答案：455 当然是一个人两个橘子，只是一个连塑料袋一起给他。456 因为墨水并不黑呀。

457 知道兔子的眼睛为什么是红的吗？

458 拖什么东西最轻松？

459 为什么汉子不出门？

答案：457 因为它赛跑输给了乌龟，把眼睛哭红的。458 拖鞋。459 出了门就是门外汉了。

460

为什么母鸡的腿短？

461

为什么现代人越来越言而无信？

答案：460 腿长了，生下的蛋会被摔破。461 打电话当然比写信方便。

462 为什么熊冬眠时会睡这么久？

463 我们脚下踩的是什么？

答案：462 没有人敢叫它起床。463 鞋袜。

464

武松到底犯了什么罪，才会被抓？

465

世界上是先有男人，还是先有女人？

答案：464 打死保护动物老虎。465 先有男人，因为男人是先生的，所以叫先生。

466 小华在家里，和谁长得最像？

467 小红帽从大野狼面前走过，大野狼为何没有发现她？

答案：466 和镜中的小华长得最像。467 小红帽今天没有戴帽子。

468 小马哥的老爸在市图书馆。（猜一成语）

469 喝醉酒的人常辩称自己没醉，你知道这是什么原因吗？

470 张先生有个本领，那就是能让见到他的人，都会自动手心朝上。这是怎么回事？

471 怀孕的母狗怕人踢它，可是有个家伙踢它，它既不躲避也不生气，为什么？

472 老李站在马路上比手画脚，却不见交通警察来赶他，为什么？

473 老赵天天掉头发，什么办法都用了，只有一种办法使他永远不掉头发。是什么办法呢？

474 流浪了50多年的流浪汉，有一天突然他不流浪了，为什么？

475 买来煮了它，煮好丢了它，猜猜这东西是什么？

答案：468 老马识途（老马市图）。469 因为他们已经喝醉了。470 因为他是个中医。471 因为那家伙在他的肚子里踢。472 老李是警察。473 剃光头发。474 他去世了。475 药草或茶叶。

476

王叔叔是警察，他眼看着儿子偷了一样东西，却没有多加管教，这是怎么回事？

477

一朵盛开在家里的花，却被关在笼子里。请问这是什么？

478

一个数去掉首位是13，去掉末位是40，请问这个数是几？

答案：476 儿子在偷笑呀。477 电风扇。478 四十三。

479

小苏用捕鼠笼在家抓老鼠，第二天早晨发现笼子里抓了一只活老鼠，而笼子外面却有两只死老鼠四脚朝天的死老鼠，为什么？

480

一个非常贪玩的小孩最喜欢什么课？

答案：479 那两只看到同伴被抓的上当，活活笑死的。480 下课。

第七章 幽默思维

481

有一个东西，是青年人的婴儿期，中年人的青年期，老年人的人的整个过去，它是什么？

482

在什么时候更确定自己是中国人？

483

怎样用一块钱换一百块钱？

答案：481 昨天。482 外语考试的时候。483 打电话向家里要钱。

484

这冰看起来就好像是张铝箔。（猜一成语）

485

煮什么汤最"鲜"？

答案：484 如履（铝）薄冰。485 煮"鱼"肉汤和"羊"肉汤。

486 最不能在光天化日下见人的是什么东西？

487 盆里有六个馒头，六个小朋友每人分到一个，但盆里还留着一个，为什么？

488 如何从含有一半是水，一半是油的缸中取水不取油？

489 三个小朋友各买了一双相同的鞋，为什么他们穿的鞋还是不一样？

490 商店里有一种表卖价比进价还便宜，可商店却没有亏本，从哪里挣钱用来补差价呢？

491 什么东西只有一只脚却能跑遍屋子的所有角落？

492 什么黑家伙是由光造成的？

493 什么枪把人打跑却不伤人？

答案：486 老式相机胶卷。487 一个小朋友连馒头和盆一起拿走。488 从缸底部打个洞取水，因为水比油重。489 刚买还没穿。490 从修理费里。491 扫帚。492 影子。493 水枪，发令枪。

494

老王的脚一大一小，他怎样才能买到合适的鞋？

495

做什么事情会身不由己？

答案：494 买两双大小尺码不一样，款式一样的鞋，之后再从两双鞋中各选出一只来穿。495 做梦。

496
你在什么时候会执迷不悟？

497
30～50之中哪个数字比熊的大便厉害？

答案：496 当你手拿着谜语猜不出的时候。497 40。原因：事实（40）胜于雄（熊）辩（便）。

498

什么东西无论是新的还是旧的人们都一样喜欢？

499

和谁交往最辛苦？

答案：498 金和钱。499 莉莉。因为粒粒（莉莉）皆辛苦。

500

画家喜欢画粗的绳子不喜欢画细的绳子。（猜一成语）

501

历史上哪个人跑得最快？

502

铅笔姓什么？

答案：500 出神入化（粗绳入画）。501 曹操。原因：说曹操曹操到。502 萧。原因：削（萧）铅笔。

503

什么植物和动物很像鸡？

504

胆小鬼吃什么可以壮胆？

答案：503 树和马，因为树马（数码）相机（像鸡）。504 狗胆。因为狗胆包天。

505

龟兔赛跑总是龟赢，兔子应该坚持比哪一个项目，才能赢得了乌龟？

506

黑皮肤有什么好处？

答案：505 仰卧起坐。506 不怕晒黑。

507

化妆品可以使女人的脸变得美丽，可是会使哪些人的脸变得非常难看？

508

家里又脏又乱，怎样才能在最短时间内弄干净？

答案：507 付钱的人。508 闭上眼睛，眼不见为净。

509

经理不会做饭，可有一道菜特别拿手，是什么？

510

开学后的最大愿望是什么？

答案：509 炒鱿鱼。510 放假。

511 爷爷熟读兵书，却食古不化，每次跟孙子们玩棋都输，请问爷爷用的是什么战术？

512 什么照片看不出照的是谁？

513 世界上什么东西以每小时近两千公里的速度载着人奔驰，而不必加油或其他燃料？

514 天气愈来愈冷，为什么阿财不多加件衣服，反而要脱衣服？

515 王大头一直喊着：快点，我上课要迟到了。可是他为什么没行动？

516 为什么妈妈几个月都不给孩子吃饭可孩子仍然长的很好？

517 小李带一百元去买一件七十五元的东西，但老板却只找了五元钱给他，为什么？

518 小燕发现房间遭窃，却一点也不紧张，为何？

答案：511 兵来将挡。512 X光片。513 地球。514 因为他准备要洗澡了。515 做梦。516 因为这个孩子还是个胎儿。517 他只给老板八十元。518 别人的房间。

519

老师给萨姆布置了一篇作文，题目是：什么是懒惰。萨姆用最简短的文字写下了这篇作文，他是怎么写的？

520

老刘去年因为骂警察是猪而被罚款一万五千元，为什么今年又骂警察是猪，却被罚了三万元？

答案：519 这就是懒惰。520 猪肉涨价了。

521

卖水的人看到河会怎么想？

522

盲人都是怎么吃橘子的？

答案：521 这些都是钱。522 瞎掰。

523

哪一种动物不用休息？（猜一成语）

524

胖妞生病了，最怕别人来探病时说什么？

答案：523 蝙蝠。不修边幅（不休蝙蝠）。524 多多保重。

525

情人卡、生日卡、大大小小的卡，到底什么卡送人，最能博得人家的欢心呢？

526

山珍海味贵还是稀饭贵？为什么？

答案：525 信用卡。526 稀饭贵，物以稀为贵。

527

什么袋每个人都有，却很少有人借给别人？

528

什么比乌鸦让人觉得更讨厌？

529

什么动物天天熬夜？

答案：527 脑袋。528 乌鸦嘴。529 熊猫，你看它的黑眼圈。

530

什么鬼整天腾云驾雾？

531

什么时候有人敲门，你绝不会说请进？

答案：530 烟鬼。531 在厕所里的时候。

532

什么是治疗“口臭”的最佳方案?

533

什么数字最听话呢?

答案：532 闭嘴。533 100（百依百顺）。

534

世界上谁的肚子最大？

535

谁是世界上最有恒心的画家？

答案：534 宰相。宰相肚里能撑船。535 爱化妆的女人。

536

糖与醋有什么不同？

537

超市遭遇小偷，警察立刻封锁住所有出口，但为什么小偷仍逃了出去？

答案：536 你可以请别人吃糖，但不可以请别人吃醋。537 小偷可以从入口逃走。

538

为什么小明拒绝用“一边……一边……”这个词来造句？

539

香港最出名的是什么？

答案：538 老师曾说过“一心不能二用”。539 香港脚。

540 小美养了一头凶猛的狼犬，为什么它却从不咬胖子？

541 小王开着空计程车出门，为什么一路上都没有人向他招手租车？

542 小刚进入屋内为什么不随手关门？

543 小李说的相声大家都喜欢听，为什么他有时说话还要付钱？请问为什么？

544 小宋一直朝北走，走着走着他又没有转身可是却走到了正南方，为什么？

545 一个卡车司机撞到一个骑摩托车的人，卡车司机受重伤，骑摩托车的人却没事，为什么？

546 一个人掉进游泳池里，他的脚却没有湿，为什么？

答案：540 它只吃瘦肉。541 他走的是高速公路。542 自动门。543 打电话。544 他越过北极点后再向前走就是南面方向。545 卡车司机在走路。546 游泳池中没有水。

547

爸爸称赞妈妈的新衣服“十分漂亮”，但却被妈妈埋怨了一顿，为什么？

548

一个老人头顶上只剩三根头发，有一天他要参加重要宴会，为什么他仍忍痛拔掉其中一根头发呢？

549 一个学生住在学校里，为什么上学还经常迟到？

550 一个圆画在哪里永远走不出去？

551 一架飞机在天空飞翔时突然没油了，请问：什么东西会最先掉下来？

552 一辆火车由北京到石家庄全程需要四个小时才可到达，如今行使了三个小时，火车现在应该在什么地方？

553 一天慢二十四个小时的表是什么样的表？

554 有一家四兄弟他们四个人的年龄乘起来是十四，请问他们各自是多大岁数？

答案：547 满分是一百分。548 他想中分。549 家所在的学校不是他上学的学校。550 自己的腰上。551 油表的指针。552 在铁轨上。553 停着不走的表。554 一、一、二、七，其中有一对双胞胎。

555

一个自讨苦吃的地方在哪里？

556

伊凡吹嘘自己写的小说可以得诺贝尔奖，他写的什么小说？

答案：555 药店。556 幻想小说。

557

油漆工的徒弟叫什么？

558

有什么办法能使眉毛在眼的下面？

答案：557 好色之徒。558 倒立。

559
有什么方法可以证明时光飞逝？

560
有一种牛皮最容易被戳穿，那是什么牛皮？

答案：559 把表抛出去。560 吹牛皮。

561

有只调皮的小蚂蚁在自己家附近玩耍，不久看见一头大象慢悠悠走了过了，蚂蚁一惊，连忙跑回家去，想了想又伸出了一条自己细细的小腿，请问为什么？

562

中国哪个省的东西最不便宜？

答案：561 小蚂蚁想把大象绊倒。562 贵州。

563

猪的全身都是宝，用处很大，猪对人类还有什么用处？

564

二三四五六七八九。（猜一成语）

答案：563 还可以用来骂人。564 缺衣少食。这个谜语难度并不大，考查的就是人的快速反应能力。即使一个小孩数数，他的习惯也是从一数到十。而谜面中恰恰没有这两个数字，利用谐音，答案就一目了然了。

565 4+4+4+4。（猜一种水果）

566 有一样东西重量很轻，可大力士却举不起来，那是什么？

567 有一样东西不管你喜欢与否，它却每年一定要增加一点，这是什么东西？

568 怎样用手使一个不会上升的气球到达最高处？

569 什么东西从这边看由远变近，从那边看由近变远？

570 本书作者与你有什么相同的地方？

571 是什么原因使小明认为月亮比日本离我们更近？

572 要参加考试时，除了记得带准考证之外，最重要的是什么？

答案：565 石榴（16）。566他自己。567 年龄。568 把气球里的气放掉，然后使劲扔天上去。569 望远镜。570 都是中国人。571因为他可以看见月亮，却看不见日本。572 记得起床。

第八章 趣味谜语

573

像糖不是糖，不能用口尝，帮你改错字，纸上来回忙。（猜一物）

574

上边毛，下边毛，中间一个黑葡萄。（猜一物）

答案：573 橡皮。574 眼睛。

575

三面墙，一面空，一个小孩子在当中。（猜一字）

576

此字不难猜，孔子猜三天，请问是何字？

答案：575 匹。576 晶。

577 天知、地知、我知。（猜福建一市县名）

578 又大又小。（猜一字）

579 从小精心培养，长大绳捆索绑，临老千刀万剐，最后把它火葬。（猜一物）

答案：577 三明。578 尖。579 烟草。

580

一点一点大，人人都有它。（猜一字）

581

促膝而谈。（猜一个物理理论）

答案：580 头。581 相对论。

582

没横没竖整十划，世上人人都有他，什么字？

583

刘邦破咸阳。（猜一城市名）

答案：582 爹。583 秦皇岛（倒）。

584

哪一种动物虽说是金，却不是真的，像个大眼孩儿，又爱穿长裙？

585

皮黑肉儿白，肚里墨样黑，从不偷东西，硬说它是贼。这是什么东西？

答案：584 金鱼。585 乌贼。

586

三兄弟中，虽然我跑得最慢，但如果没有我，他们俩也不知道跑了多少圈。猜猜看，我是什么？

587

说它是牛不是牛，力小能背房子走。它是什么？

答案：586 时针。587 蜗牛。

588

岁数越来越大，身体越来越小，面貌日新月异，家家不可缺少，是什么东西？

589 街上那么多的人是从哪来的？

590 两个身高、体重相当的小朋友在玩跷跷板，你猜猜玩的结果会如何？

591 没有人类及动物居住的地球会是什么样子呢？

592 敲凳子会发出“咚咚”声，那么凳子敲人会发出什么声？

593 什么动物在天上是四只脚，在地上是两只脚，在水里是三只脚？

594 什么样的人死后还可以出现？

595 五根手指头少掉两根会变成什么？

答案：588 日历。589 各自的家中。590 当然会玩得很开心啦！591 地球仪。592 惨叫声。593 怪物。594 电影、电视剧里的人。595 残废。

596

头戴黑帽子，身体像柱子，一碰就有光出来！猜这是什么？

597

阎王爷写日记。（猜一成语）

598

有风不动无风动，不动无风动有风。（猜一物）

答案：596 火柴。597 鬼话连篇。598 扇子。

599

重男轻女。（猜一地名）

600

一钩能写出一个什么字？

答案：599 贵阳。600 丁。

图书在版编目（C I P）数据

600个脑筋急转弯/张祥斌主编. —长春：吉林科学技术出版社，2011.10（2021.1重印）
ISBN 978-7-5384-5460-4

Ⅰ.①6… Ⅱ.①张… Ⅲ.①智力游戏—青年读物②智力游戏—少年读物 Ⅳ.①G898.2

中国版本图书馆CIP数据核字（2011）第182166号

600个脑筋急转弯

主　　编　张祥斌
编　　委　李　靓　王　屹　王甜甜　张　宇　李　娜
出 版 人　张瑛琳
选题策划　李　梁
责任编辑　高小禹　于　畅
封面设计　长春茗尊平面设计有限公司
制　　版　长春茗尊平面设计有限公司
开　　本　780mm×1460mm　1/24
字　　数　100千字
印　　张　8.5
版　　次　2011年10月第1版
印　　次　2021年1月第3次印刷

出　　版　吉林出版集团
　　　　　吉林科学技术出版社
发　　行　吉林科学技术出版社
地　　址　长春市人民大街4646号
邮　　编　130021
发行部电话/传真　0431-85635177　85651759　85651628
　　　　　　　　85677817　85600611　85670016
储运部电话　0431-84612872
编辑部电话　0431-85642539
网　　址　http://www.jlstp.com
印　　刷　北京一鑫印务有限责任公司

书　　号　ISBN 978-7-5384-5460-4
定　　价　38.00元